神はご自分が造ったすべてのものを見られた。
見よ、それは非常に良かった。
夕があり、朝があった。第六日。
創世記 1 章 31 節

子どもだったみなさんへ

おとなのための
神の物語

1
「非常によかった」（創世記1章31節）にある神さまの喜び、神さまのご満足を子どもたちに伝えたいと思います。子どもたちは、何かをしたからではなく、何もできなくても、神さまの喜びなのですから。

2
人は神のかたち。わくわくしながら、神さまとの、他の人との、そして被造世界との関係を育てることを楽しむことができるのです。このわくわくが、世界でいちばん楽しいことだと、子どもたちに知ってもらいたいですね。

3
そのためには、知っておくべきことがひとつ。世界は安全な場所であることです。コロナ、戦争、いじめなど、さまざまなことがあります。でも、この世界は神さまがつくったよい世界であり、神さまが支えているよい世界なのです。安心して、冒険してもいいのです。人とちがっていても、だいじょうぶなのです。

4
聖書が教えるのは神さまの心。地球のつくり方のレシピではありません。子どもたちが学校で教わる進化論で悩む必要はありません。神さまの心を教えてあげてください。

しつらくえん

ぼくは　もう　あたまにきた
あの実を食べてはいけないなんて
神さまけちだ
ぼくは　もう　がまんできない
食べてはいけない実をつくるなんて
神さまいじわる
ぼくは　もう　食べてやる
だれにも命令なんかされたくない
神さまにだって

女は蛇に言った。「私たちは園の木の実を食べてもよいのです。
しかし、園の中央にある木の実については、『あなたがたは、
それを食べてはならない。それに触れてもいけない。あなた
がたが死ぬといけないからだ』と神は仰せられました。」

創世記 3 章 2,3 節

1
聖書を貫くのは「主語は神さま、動機は愛」です。私たちは主語ではない。けれども神さまの愛を疑うとき、主語が逆転してしまいます。

2
ルターは「罪とは、自分の内側に折れ曲がった心」と言いました。罪とは、なにかをすることやしないことではなく、心です。

3
神さまだけが幸福をつくり出せます。神さまを拒絶することは、幸福を拒絶することです。

4
アダムは固有名詞ではなく、一般名詞。つまり、私たちみんなのことです。主語を神さまにするか、自分にするか、それが問われています。

5
人はたがいに影響を与え合います。親の、そのまた親の、そのまた親の言動や心の歪みは、私たちの言動や心に歪みを与えています。それが原罪です。DNAとは関係ありません。

6
だから私たちが神さまのいのちを生きるなら、私たちの言動や心の歪みは癒されていき、その癒しは、子の、そのまた子の、そのまた子の言動や心の癒しとなっていきます。しかも、
「わたしを憎む者には父の咎を子に報い、三代、四代にまで及ぼし、わたしを愛し、わたしの命令を守る者には、恵みを千代にまで施すからである」（申命記5章9、10節）
とあります。癒しは歪みよりはるかに大きいのです。

子どもだって みなさん

おとなのための
神の物語

ひげきのきょうだい

神さまは心配だった
お兄さんのカインが
弟のアベルをにくんでいたから
神さまはカインに言った
「わたしの顔をみてごらん
こんなにあなたを愛しているよ
あなたの心を
にくしみから守ってあげよう」
カインは神さまから顔をそむけた
「ぼくなんか、ぼくなんか、
だれにも愛してもらえないんだ」

しかし、カインとそのささげ物には目を留められなかった。
それでカインは激しく怒り、顔を伏せた。　創世記４章５節

1
カインの献げものが受け入れられなかった理由は聖書には書いてありません。子どもたちの毎日にも理由のわからない涙がたくさんあります。

2
こどもたちを苦しめるのは自己評価の低さです。無条件で抱きしめてあげたいですね。そして、そのハグに神さまが手を添えてくださっていることを知らせたいのです。

3
罪は自己評価の低さから噴き出します。必要なのは罰ではなく、癒しです。傷ついた子どもたちの涙と、私たちの涙が混ざるときに、それは起こります。神さまの胸の中で。

4
罪は思いとどまることができます。神さまがそうさせてくださいます。怒りの瞬間に、深呼吸して、神さまの顔を見ることを覚えたいですね。

ノアのはこぶね

そのころ
世界はいじめや自分かってばかり
みんながうめいていました
ある日 すごい勢いの雨がふりはじめてやみません
まるで神さまのなみだのようでした
神さまのなみだのような雨が
世界をおおって　何もかも沈み
もううめきはきこえなくなりました
いえ　だれかの泣き声だけがきこえます
はこぶねにのって助かったノアの
神さまはにじをかけて言いました
「ノア　もう泣かなくていいよ
にじをごらん
そして　うめきのない世界をつくろう
わたしと　いっしょに」

わたしは雲の中に、わたしの虹を立てる。
それが、わたしと地との間の契約のしるしである。
創世記９章13節

1
自然災害が起こるたびに、「これは神の裁きなのか」という声があがります。それは誤り。
「わたしは、決して再び人のゆえに、大地にのろいをもたらしはしない。」（創世記８章21節）
と神さまは言ったからです。すべての苦しみもまた裁きではありません。

2
どんなときでも虹を見るなら、いえ、世界の美しさを見るなら、神さまの涙を思うことができます。

3
私たちを、そして、世界を思う愛の涙を。
世界の回復のために立ち上がって、神さまとともに働くときも、やはり涙は流れます。
でもそのひとしずくごとに、だれかが癒されています。

4
もっともつらい涙はすでに流されつくしたことを思います。
十字架の上で。そして復活という約束の虹がかけられたことを。

子どもだってやみなさんへ

おとなのための
神の物語

バベルのとう

神さまは心配だった
バベルのまちで大工事が始まったから
えらい人たちが　みんなを働かせた
農家のひとも　職人さんも
すると
食べるものが足りなくなってきた
靴や着物も足りなくなってきた
みんなは怒りっぽくなってきた
ある日など
高い塔から落ちて
死んでしまった人もでた
神さまは悲しかった
もうおしまいにしよう、そう思った
ある朝
みんなはえらい人がなにを言っているか
わからなくなった
それでみんなは、
自分のしごとにかえって行った

主が彼らをそこから地の全面に散らされたので、
彼らはその町を建てるのをやめた。
創世記 11 章 8 節

● 1
天まで届く高い塔。でも、それを見に神さまが降りてこなければならなかったのは皮肉ですね。けれども人間たちにとって、それはたいへんな重荷でした。

● 2
支配者たちは一致して団結することによって、軍事的、経済的な安定を得ようとしました。神さまの胸の中で生きるのではなく。

● 3
ところが、人間のつくる制度、組織、建物は、人間を画一化し、歯車のようにしてしまうようです。人間らしさを奪ってしまうのです。

● 4
ほんとうの一致と団結はペンテコステの日に実現しました。聖霊による一致と団結。神さまの胸の中で愛し合う一致と団結です。

アブラハムと神さまと星空と

さばくの夜空は星がいっぱい
とても数えることなんかできません
その夜　アブラハムは
テントのなかでしょぼんとしていました
男の子が生れなかったら　どうしよう
このたくさんの家族を
だれが守ってくれるだろうか、と

神さまは　アブラハムがいとおしくて
身をかがめるようにして　そばに行き
手をとるようにして　外につれだしました
すると
星、星、星、星
すみきったさばくの夜空に
数えきれない星が！
アブラハムのこころが
ふっとかるくなりました
かるくなったこころが
かんじました

神さまは世界に
すばらしいことをなさる
アブラハムをとおして
アブラハムとともに
その夜　世界に三つの光が
かがやきました

そして主は、彼を外に連れ出して言われた。「さあ、天を見上げなさい。星を数えられるなら数えなさい。」さらに言われた。「あなたの子孫は、このようになる。」
アブラムは主を信じた。それで、それが彼の義と認められた。　創世記 15 章 5,6 節

1
信仰とはなんでしょうか。教理を頭で理解すること？
感情が高ぶって神さまがいるような気がすること？
ちがいます。信仰は神さまからのプレゼント。
自分の存在全体が神さまにうなずくことです。

2
神さまはそんな人をとおして、そんな人とともに働かれます。ひとりでなんでもできるのに、私たちとともに働くのがお好きなのです。かえって手間がかかるのもご承知で。

3
神さまはアブラハムからユダヤ人を起こしました。
神さまの体温を知る民として。神の宝の民として。
そして、やがてそこから、主イエスがお生まれになりました。

4
今夜も世界に三つの光が。
イエス・キリストとぼくたちと星空と。

天(てん)からのはしご

ヤコブは　こわくて
ぶるぶるふるえていました
おにいさんのエサウをだまして
ひどいめにあわせたことがあります
エサウはまだ怒(おこ)っているでしょう
神(かみ)さまは そんなヤコブがいとおしくて
ヤコブのところに来(き)てくださいました
「あなたのこわさ　あなたの苦(くる)しみを
　わたしにぶつけておいで」と

ヤコブは神(かみ)さまに体当(たいあ)たりしました
「ぼくはそんなにわるくない」
「母(かあ)さんだって味方(みかた)したんだ」
「だいたい兄(にい)さんがいいかげんだから」
わめきながら　神(かみ)さまを押(お)しまくります
神(かみ)さまはヤコブをがっちりうけとめます
抱(かか)え込(こ)んで　抱(だ)きしめます
神(かみ)さまのこどうをヤコブは感(かん)じます
ドクッ　ドクッ　ドクッと

ヤコブをあわれみでつつむ　こどう
ヤコブはふっと力(ちから)がぬけて
神(かみ)さまにだきとめられました
なんだか、もうだいじょうぶだと
そう思(おも)いました

ヤコブが一人だけ後に残ると、ある人が夜明けまで彼と格闘した。
その人はヤコブに勝てないのを見てとって、彼のももの関節を打った。ヤコブのももの関節は、その人と格闘しているうちに外れた。
すると、その人は言った。「わたしを去らせよ。夜が明けるから。」ヤコブは言った。
「私はあなたを去らせません。私を祝福してくださらなければ。」

創世記 32 章 24,25,26 節

1
祈りとは、願いごとをかなえてもらうためにしつこく同じことを繰り返すことではありません。自分の心をそのまま神さまに持っていくことです。何が欲しいかわけがわからなくても。

2
神さまは私たちが望む以上のものを与えてくださいます。敵からの守りを願う者には、和解を。不戦を求める者には友を。安全を求める者には永遠のいのちを。

3
もちろん私たちはヤコブ以上に神さまを知っています。天からのはしごを降りて人となり、私たちのためにあたたかい血を流してくださったイエスによって。

子どもだって やみなさん

売られたヨセフ

ヨセフの前にはお兄さんたちがいます
ヨセフをいじめたお兄さんたち
ヨセフをどれいに売ったお兄さんたち
ヨセフが死んだと
お父さんにウソをついたお兄さんたち

ヨセフの目からなみだが
あふれます
自分でもなぜだかよくわからないなみだ
兄さんたちがにくいのか
兄さんたちがなつかしいのか

ただひとつわかっているのは
神さまはいつも
ヨセフのそばにおられたこと
ヨセフの心が
いじけて死んでしまわないように
守ってくださったこと
そしてこれからも
みんなの未来を開いてくださること

ヨセフは言った。「恐れることはありません。どうして、私が神の代わりになることができるでしょうか。
あなたがたは私に悪を謀りましたが、神はそれを、良いことのための計らいとしてくださいました。それは今日のように、多くの人が生かされるためだったのです。ですから、もう恐れることはありません。私は、あなたがたも、あなたがたの子どもたちも養いましょう。」
このように、ヨセフは彼らを安心させ、優しく語りかけた。 創世記 50 章 19,20,21 節

1
ヨセフの忍耐、ヨセフの知恵、それは神さまから与えられたものでした。そしてなによりも神さまはヨセフの心を守ってくださいました。

2
ヨセフの苦難は神さまが与えたものではありません。兄たちの罪。でも、そんな悪をも神さまは用いてくださるお方。「あなたがたは私に悪を謀りましたが、神はそれを、良いことのための計らいとしてくださいました。それは今日のように、多くの人が生かされるためだったのです。」（創世記 50章20節）とあります。

3
人はA地点からB地点に行こうと計画しますが、しばしば計画がうまくいかずにC地点に墜落します。こどもたちだってそうです。でも神さまはそのC地点にいる私たちを、あわれんで、放っておけなくて、計画していたB地点より遥か高みの素晴らしいD地点にお連れくださいます。

4
だから、どんなときでもだいじょうぶです。私たちの考える最善よりもはるかに良いことを神さまはなさいます。やがてイスラエルはエジプトで大きな国民となり、世界の回復のために召し出されるのです。

子どもだっやみなさん「

えいこうへのだっしゅつ

ドサッ
レンガを運んでいた
イスラエルの人がたおれました
エジプト人たちに
ずっとやすみなく働かされていたのです
腰が曲がってしまうほどに　疲れたイスラエル

神さまは
その叫びをほうっておくことができません
モーセをつかわして
イスラエルをすくうことにしました
まっすぐに立って歩くために
心を高く上げて生きるために
そのためなら　どんなことでもしようと
神さまは決心されました

それから何年もたって、エジプトの王は死んだ。イスラエルの子らは重い労働にうめき、泣き叫んだ。重い労働による彼らの叫びは神に届いた。神は彼らの嘆きを聞き、アブラハム、イサク、ヤコブとの契約を思い起こされた。神はイスラエルの子らをご覧になった。
神は彼らをみこころに留められた。　　出エジプト記 2 章 23,24,25 節

1
神さまのいたたまれないほどのあわれみは、エジプト人にも注がれていたことを忘れてはならないでしょう。十の災いはパロが神さまのあわれみを知るように、というしつこいほどの神さまの愛でした。

2
エジプトでの年月、イスラエルは大きな民族となりました。奴隷にされることによって、エジプトに混じってしまうのではなく、こうして一つの民族としてのアイデンティティが確立されたことも見逃せません。これらは、すべて彼らを通して、世界が聖なる神を見るためでした。

3
過越の小羊は、救いのためのいっさいの必要は神によって備えられたことを語ります。イスラエルが救われたのは、彼らが他の民と異なっていたからではないのです。ただ神さまの愛が理由です。

4
モーセについて語るときには、その働きが聖霊に導かれたことを思いましょう。聖霊によって生きる私たちと同じなのです。

子どもだったみなさんへ

おとなのための
神の物語

じっかい

二枚の石の板　そこには
神さまのこころが きざまれていました
神さまといっしょにいるための
十のたいせつなこと

1 あなたは神さまだけのもの
神さまの宝もの

2 神さまは目に見えません
見えるのは人となったイエスさまだけ

3 神さまに愛をこめて話かけて！

4 神さまといっしょに楽しむ時間を！

5 神さまに抱かれているから
たがいに愛し合える

6 だれかをにくんだら
神さまに受けとめてもらえる

7 満たされない思いを
神さまに受けとめてもらえる

8 神さまに抱かれているから
奪い合わないでいられる

9 神さまに抱かれているから
いやしのことばを語ることができる

10 神さまに抱かれているから
与え合うことができる

あなたがホレブで、あなたの神、主の前に立った日に主は私に言われた。「民をわたしのもとに集めよ。わたしは彼らにわたしのことばを聞かせる。それによって、彼らが地上に生きている日の間わたしを恐れることを学び、また彼らがその子どもたちに教えることができるように。」　　申命記４章10節

1
まず出エジプト、そしてシナイ山。この順序をまちがえることがありませんように。よいことをしたからでもなく、よい民であったからでもなく、イスラエルは救われました。ただ神さまのあわれみによって。

2
十戒（じっかい）は、守ったら救われ、守らなかったら滅ぼされるという「戒め」ではありません。神さまと共に歩く歩き方を教える十の「ことば」です。だから「十誡（じっかい）」です。この「十のことば」は、成果を要求したり、互いに比べあうためのものではないのです。

3
子どもたちにも十のお約束だと言わないでください。イスラエルにはできなかったことが、彼らにはできるのですから。イエスによって、聖霊によって。それをさまたげる痛みを癒すのは、神さまに抱かれることだと語ってください。

クリスマスおめでとう

すべての人が神さまを知るように
神さまに抱きしめられていることを
知るように
ずっと神さまは語りつづけてきた

神さまが語り
アブラハムに語らせ
モーセに語らせ
ダビデに語らせ
預言者たちに語らせ
そして　ついに
そして　ついに
そして　ついに
神さまはこの世界に来ることにした
人となって

かんたんに傷つけることのできる
小さな赤ん坊になって
すべての人が神さまを知るように
神さまに抱きしめられていることを
知るように
クリスマスおめでとう
おめでとう　ぼくたち　わたしたち

ところが、彼らがそこにいる間に、
マリアは月が満ちて、男子の初子を産んだ。
そして、その子を布にくるんで飼葉桶に寝かせた。
宿屋には彼らのいる場所がなかったからである。
ルカの福音書２章6,7節

1
教父たち（教会の初期の指導者たち）にとって、キリストの受肉は福音の中心でした。十字架よりも強調されることがあるほどに。私たちと同じ弱さを持ちながら、父なる神さまに従い抜いたイエスさまの地上の生涯。イエスさまは聖霊によってそのように生きる道を私たちに開きました。

2
それまでも私たちのすべてを知っておられた神さま。でもいわば、人として内側から私たちを知ってくださった。その喜びを、その悲しみを、その痛みを。ずっとずっとそうしたいと願ってくださったすえに、ついに。

3
主イエスの手を感じた人びとがいます。その声を聞いた人びとが。その息を吹きかけられ、そのぬくもりにいやされた人びとが。神が神であることに固執しなかったから。

4
神が人となりました。神をやめて人になったのではなく、神が人となった。それによって神の定義は変わりました。神とは人となった神。愛ゆえに人となってしまった神。

じゅうじかとふっかつ

おまえが神なら十字架から
降りてきてみろ
そうしたら信じてやるよ
ひとびとは言いました
けれどもイエスさまは降りません
神さまだから

ひとびとはイエスさまに
つばをかけました
やりきれない毎日のはらいせに
けれどもイエスさまは
つばをぬぐうこともしません
やりきれなさを受けとめるために

ひとびとはイエスさまを
血が出るまでたたきました
人生の苦しみにあえぎながら
けれどもイエスさまは
よけることもしません
あえぎをせおうために

三日後、死人の中からよみがえった
イエスさまの いのちは
世界にあふれている
やがてすべてがあたらしくなって
もうなみだはいらない

すると、御座に座っておられる方が言われた。
「見よ、わたしはすべてを新しくする。」
また言われた。「書き記せ。これらのことばは真実であり、信頼できる。」

ヨハネの黙示録 21 章 5 節

子どもだってみなさん

おとなのための
神の物語

●1
イエスの十字架と復活は、かぞえきれないできごとをもたらしました。

(1)悪と罪と死の力はほろぼされました。愛する自由が解き放たれました。

(2)ぼくたちの罪の処置は終わりました。自分を責める時は過ぎたのです。

(3)主イエスの愛の言葉と行いは、私たちの中から湧き出しています。ますます豊かに。

(4)神さまとの平和が訪れました。この和らぎは世界をおおっていきます。

●2
これらのできごとは、父のあわれみによって、イエスにおいておこり、聖霊によって、ぼくたちひとりひとりに実現しています。
三位（さんみ）の神が総がかりで、ぼくたちを三重（さんじゅう）に抱きしめています。

●3
そんなできごとが起こるのは、教会です。
キリストのからだで、ぼくたちはその一部なのです。

あとがき　大頭 眞一

おとなになったぼくが書きたかった本があります。
それは、ぼくがこどもだったころに読んでいたら、
もっと早く神さまだいすきになっていただろうなーと
思える本。おともだちの森住ゆきさんに話してみると、
「おもしろそうですね、やってみましょう」ということになり、
もう一人のおともだちの坂岡恵さんが手伝ってくれました。
こうしてこの本ができました。

だからこの本のただしい読みかたというのはありません。
どんなふうに読んでもよいのです。
心がわくわくするなら、それがただしい読みかたです。
ひとりで読んでもいいし、おとなの人と読むのもよいでしょう。
まず、森住ゆきさんのちぎり絵をよく見てください。
遠くからぜんたいをおおきく見てください。
近くからもこまかく見てください。
おっ！とおどろくくふうがあったりします。

おとなの人は、こどもたちに前後のものがたりを語ってあげてください。
そして、ちいさなこどもたちとは右がわのこどものパートを、
おおきなこどもたちとは左がわのおとなのパートをいっしょに読んで、
感じたことを話し合ってみてはいかがでしょうか。
そうやって、
こどももおとなも、
もっと神さまがだいすきになったら、
ぼくたちはそれこそ大喜びです。

大頭（おおず） 眞一（しんいち）

京都信愛教会（京都市北区）と明野キリスト教会（京都府八幡市）牧師。神戸生まれ。妻と娘一人（今は天に）の3人家族です。25才で主イエスを信じてほんとうによかったと思っています。特技はお好み焼き。

森住 ゆき　和紙ちぎり絵作家

「聖書が教えるのは地球の作り方のレシピではなく神さまの心。こどもたちが学校で教わる進化論に悩む必要はありません。」と大人にも呼びかけて始まるこの物語に、私自身が励まされつつ作画しました。幸せな時間でした。

CLCからしだね書店
坂岡 恵　店長

いまこのときも　こわかったり　さびしかったり　かなしかったりしているこどもたちのことをおもいながら　そんなこどもたちにも　とどきますようにと　いのりながら　ほんができあがっていくのをみていました。
この、紙芝居のような優しい本の制作に加えてくださり、ありがとうございました。

からしだねワークス
西川 加世子　装丁・ブックデザイン

世界中のこどもひとりひとりのことを、だれよりも心配して、大切に思っておられる神さま。その神さまがどんなにすてきなお方なのかをおしらせするお手伝いができてうれしいです。

ISBN978-4-911054-30-7
C0016 ¥1000E

発行 CLCからしだね書店
発売 YOBEL,Inc
定価（本体1,000円+税）

CLCからしだね書店

こどものための神のものがたり
2024年9月21日初版発行
文・大頭眞一 和紙ちぎり絵・森住ゆき
発行者 社会福祉法人ミッションからしだね CLCからしだね書店
〒607-8216 京都市山科区勧修寺東出町75 Tel.075-574-1001
発売所 株式会社ヨベル YOBEL,Inc. 〒113-0033 東京都文京区本郷4-1-1-5F Tel.03-3818-4851
 ISBN978-4-911054-30-7 Printed in Japan